咖啡制作指南

100 种加香料的咖啡配方，可在家冲泡

理查德·莫顿

版权所有。

免责声明

本电子书中包含的信息旨在作为本电子书作者研究过的策略的综合集合。总结、策略、提示和技巧仅由作者推荐，阅读本电子书并不能保证您的结果与作者的结果完全一致。电子书的作者已尽一切合理努力为电子书的读者提供最新和准确的信息。作者及其同事对可能发现的任何无意错误或遗漏概不负责。电子书中的材料可能包含第三方提供的信息。第三方材料包括其所有者表达的意见。因此，电子书的作者不对任何第三方材料或意见承担任何责任或义务。

目录

介绍

为什么我们如此热爱咖啡？好吧，除了它超级好吃！

一杯热气腾腾的咖啡是数以百万计的人每天早上的第一件事，这些人每天这样做的原因有很多。

其中的咖啡因在人们喝咖啡的过程中扮演着两个角色。首先，咖啡中的咖啡因有助于使人的血液流动，使他们感到精力充沛。早起的工人倾向于依靠咖啡来帮助他们度过工作日。

咖啡因是人们喝咖啡的另一个原因是它会上瘾。咖啡中有许多化学物质会使其上瘾，而咖啡因是主要的化学物质。咖啡因戒断会导致头痛和烦躁，许多人宁愿不放弃咖啡。

咖啡已成为一种非常受欢迎的社交饮料，与酒精相似。早上在当地的咖啡店是与朋友闲逛或开会讨论业务的地方。人们倾向于在这些聚会上喝咖啡，无论他们是否喜欢，这最终会帮助他们培养对咖啡的品味，然后上瘾。

喝咖啡的人说他们喝咖啡是为了放松。考虑到咖啡是一种兴奋剂，这似乎有点矛盾，但一杯热腾腾的不含咖啡因的咖啡，或者对某些人来说，即使是普通咖啡也可以放松感官，帮助他们放松身心，镇定神经。研究人员将镇静效果归因于感官的刺激，这有助于创造力和精神刺激，这反过来又有助于让一些人平静下来。

冰咖啡

1. 冰摩卡奇诺

原料：

- 1/2 杯浓缩咖啡，冷藏
- 6 汤匙巧克力糖浆
- 1 汤匙糖
- 1/2 杯牛奶
- 1 杯香草冰淇淋或冷冻酸奶
- 1/4 杯重奶油，轻轻搅打

方向

a) 将浓缩咖啡、巧克力糖浆、糖和牛奶放入搅拌机中，搅拌均匀。

b) 加入冰淇淋或酸奶，搅拌至光滑。

c) 将混合物倒入两个冷藏的玻璃杯中，在每个玻璃杯上放上生奶油和巧克力卷发，或者撒上肉桂或可可粉。

2. 杏仁冰咖啡

原料：
- 1 杯浓咖啡
- 1 杯脱脂牛奶
- 1/2 茶匙香草精
- 1/2 茶匙杏仁提取物
- 1 茶匙糖
- 装饰用肉桂
- 甜点浇头

方向

a) 将 1 杯浓咖啡与 1 杯脱脂牛奶、香草精、杏仁精和糖混合。

b) 倒入 2 - 10 盎司装满冰的玻璃杯中

c) 用肉桂装饰。

3．冰镇肉桂咖啡

原料：

- 4 杯浓咖啡（使用 2 至 4 茶匙速溶咖啡至 1 杯开水
- 1 3" 肉桂棒，切成小块
- 1/2 杯重奶油
- 咖啡糖浆糖浆有多种口味。香草可以补充肉桂。

方向

a) 将热咖啡倒在肉桂片上；盖上盖子静置约 1 小时。

b) 取出肉桂，加入奶油搅拌。彻底冷却。

c) 食用时，倒入装满冰块的玻璃杯中。加入所需量的咖啡糖浆。

d) 如果需要，在上面撒上加糖的生奶油，撒上肉桂粉。使用肉桂棒作为搅拌器。

4．咖啡冰

原料：

- 2 杯浓缩咖啡
- 1/4 杯糖
- 1/2 茶匙肉桂粉

方向

a) 在平底锅中用中火煨煮所有成分使其溶解。

b) 将混合物放入金属盘中，盖上盖子并冷冻至少 5 小时，每半小时将外部冷冻混合物搅拌到中心，直到变硬但未完全冷冻。

c) 就在上菜之前，用叉子刮掉混合物以减轻质地。制作 4 份（1/2 杯）份。

5. 冰咖啡欧莱

原料：

- 2 1/4 冷现煮咖啡
- 2 杯牛奶
- 2 杯碎冰
- 糖适量

方向

a) 在搅拌机中混合所有成分。

b) 加入糖继续搅拌至起泡。

c) 倒入冰块

d) 立即上菜。

6. 奶油冰咖啡

原料：

- 1 杯冷冻浓咖啡
- 2 大汤匙糖果商的糖
- 3 杯碎冰

方向

a) 将咖啡、糖和冰混合
b) 搅拌至奶油状

7．冰咖啡

做 **4** 个杯子

原料

- **1/2** 杯粗磨咖啡
- **4** 杯室温水
- **1** 个肉桂棒
- **1** 个完整的肉豆蔻，捣碎
- 牛奶或奶油，供食用
- 蜂蜜或糖，供食用

方向

a) 粗磨咖啡。用木槌轻轻敲碎肉桂棒和整个肉豆蔻。

b) 在一个大容器中，加入咖啡和香料以及室温或微温的水。搅拌在一起，浸泡至少 **4** 小时或理想情况下过夜。

c) 使用法式压滤机过滤咖啡或让它通过过滤器排出。

d) 将咖啡倒在冰上，如果需要，可以添加一些甜味剂和**/**或奶油或牛奶。不过黑色也很好看！

酒精咖啡

8．朗姆咖啡

原料：

- 12 盎司 新鲜磨碎的咖啡，最好是巧克力薄荷或瑞士巧克力
- 2 盎司 或更多 151 朗姆酒
- 1 大勺生奶油
- 1 盎司。百利爱尔兰奶油
- 2 汤匙巧克力糖浆

方向

a) 新鲜研磨咖啡。

b) 酿造。

c) 在一个大杯子里，放入 2+ 盎司。151 朗姆酒在底部。

d) 将热咖啡倒入杯中 3/4 处。

e) 加入贝利爱尔兰奶油。

f) 搅拌。

g) 上面放上新鲜的鲜奶油，淋上巧克力糖浆。

9. Kahlua 爱尔兰咖啡

原料：

- 2 盎司 Kahlua 或咖啡利口酒
- 2 盎司 爱尔兰威士忌
- 4 杯热咖啡
- 1/4 杯鲜奶油，搅打过的

方向

a) 在每个杯子中倒入半盎司咖啡利口酒。每份加入半盎司爱尔兰威士忌

b) 杯子。倒入热气腾腾的现煮热咖啡，搅拌均匀。勺子两堆

c) 在每个上面放一汤匙生奶油。趁热上菜，但不要太热，以免烧焦嘴唇。

10. 贝利的爱尔兰卡布奇诺

原料：

- 3 盎司。贝利的爱尔兰奶油
- 5 盎司。热咖啡 -
- 罐头甜点配料
- 1 粒肉豆蔻

方向

a) 将 Bailey's Irish Cream 倒入咖啡杯中。

b) 加入热黑咖啡。顶部喷上一层甜点。

c) 在甜点上撒上少许肉豆蔻

11．白兰地咖啡

原料：

- 3/4 杯热浓咖啡
- 2 盎司白兰地
- 1 茶匙糖
- 2 盎司重奶油

方向

a) 将咖啡倒入一个高杯中。加入糖搅拌溶解。

b) 加入白兰地并再次搅拌。将奶油倒在茶匙的背面，同时握住它，略高于杯中咖啡的顶部。这允许它浮动。

c) 服务。

12. 卡鲁瓦和巧克力酱

原料：

- 6 杯热咖啡
- 1 杯巧克力糖浆
- 1/4 杯卡鲁瓦
- $\frac{1}{8}$ 茶匙 肉桂粉
- 鲜奶油

方向

a) 将咖啡、巧克力糖浆、甘露咖啡和肉桂混合在一个大容器中；搅拌均匀。

b) 立即上菜。上面放生奶油。

13．自制咖啡利口酒

原料：

- 4 杯糖
- 1/2 杯速溶咖啡 - 使用过滤水
- 3 杯水
- 1/4 茶匙盐
- 1 1/2 杯伏特加，高浓度
- 3 汤匙香草

方向

a) 将糖和水混合；煮至糖溶解。减少热量煨煮 1 小时。

b) 冷静。

c) 加入伏特加和香草。

14. 甘露白兰地咖啡

原料：

- 1 盎司卡鲁瓦
- 1/2 盎司白兰地
- 1 杯热咖啡
- 打顶用生奶油

方向

a) 在咖啡中加入卡鲁瓦和白兰地
b) 用鲜奶油装饰

15. 青柠龙舌兰咖啡

原料：

- 双倍浓缩咖啡
- 1 杯白龙舌兰酒
- 1 个新鲜酸橙

方向

a) 在浓缩咖啡杯边缘放一片石灰。

b) 将双份浓缩咖啡倒在冰上。

c) 加一杯白龙舌兰酒

d) 服务

16. 加糖白兰地咖啡

原料：

- 1 杯现煮咖啡
- 1 盎司。咖啡利口酒
- 1 茶匙巧克力糖浆
- 1/2 盎司。白兰地
- 1 短跑肉桂
- 甜奶油

方向

a) 将咖啡利口酒、白兰地、巧克力糖浆和肉桂混合在一个杯子里。装满现煮咖啡。

b) 上面放生奶油。

17．晚宴咖啡

原料：

- 3 杯非常热的脱咖啡因咖啡
- 2 汤匙糖
- 1/4 杯浅色或深色朗姆酒

方向

a) 在热锅中混合非常热的咖啡、糖和朗姆酒。

b) 根据需要加倍。

18. 甜枫咖啡

原料：

- 1 杯对半
- 1/4 杯枫糖浆
- 1 杯热煮咖啡
- 加糖的奶油

方向

a) 在平底锅中用中火煮一半和枫糖浆。不断搅拌，直到彻底加热。不要让混合物沸腾。

b) 加入咖啡搅拌，与加糖的生奶油一起食用。

19．都柏林梦

原料：

- 1 汤匙速溶咖啡
- 1 1/2 汤匙速溶热巧克力
- 1/2 盎司。爱尔兰奶油利口酒
- 3/4 杯开水
- 1/4 杯生奶油

方向

a) 在爱尔兰咖啡杯中，放入除生奶油外的所有配料。

b) 搅拌至充分混合，并用生奶油装饰。

20. 迪萨龙诺咖啡

原料：

- 1盎司。迪萨龙诺杏仁
- 8盎司。咖啡
- 鲜奶油

方向

a) 将 Di Saronno Amaretto 与咖啡混合，然后在上面加入生奶油。

b) 装在爱尔兰咖啡杯中。

21．巴哈咖啡

原料：

- 8 杯热水
- 3 汤匙速溶咖啡颗粒
- 1/2 杯咖啡利口酒
- 1/4 杯 可可奶油利口酒
- 3/4 杯生奶油
- 2 汤匙半甜巧克力，磨碎的

方向

a) 在慢炖锅中，混合热水、咖啡和利口酒。

b) 盖上盖子，低温加热 2-4 小时。舀入马克杯或耐热玻璃杯中。

c) 上面放生奶油和磨碎的巧克力。

22．果仁糖咖啡

原料：

- 3 杯热煮咖啡
- 3/4 杯 半杯
- 3/4 杯 包装牢固的红糖
- 2 汤匙黄油或人造黄油
- 3/4 杯果仁糖利口酒
- 加糖的奶油

方向

a) 在大平底锅中用中火煮前 4 种成分，不断搅拌，直到完全加热，不要煮沸。

b) 加入利口酒；与加糖的生奶油一起食用。

23．果仁糖利口酒

原料：

- 2 杯深棕色糖，包装牢固
- 1 杯白糖
- 2 1/2 杯水
- 4 杯山核桃片
- 4 颗香草豆纵向切开
- 4 杯伏特加

方向

a) 在平底锅中用中火将红糖、白糖和水混合，直到混合物开始沸腾。减少热量并炖 5 分钟。

b) 将香草豆和山核桃放入一个大玻璃罐中（因为这样可以制作 4 1/2 杯）将热混合物倒入罐中并冷却。加入伏特加

c) 盖紧并存放在黑暗的地方。在接下来的 2 周内每天将罐子翻过来，以保持所有成分混合。2 周后，过滤混合物，丢弃固体。

24. Amaretto 咖啡厅

原料：

- 1 1/2 杯温水
- 1/3 杯杏仁
- 1 汤匙速溶咖啡晶体
- 奶油馅料

方向

a) 在微波炉中搅拌水和速溶咖啡晶体。

b) 微波炉未覆盖，以 100% 功率加热约 3 分钟或直到热气腾腾。

c) 拌入杏仁。装在透明玻璃杯中。在每杯咖啡混合物上放一些甜点配料。

25. 咖啡厅 Au Cin

原料：

- 1 杯冷浓法式烘焙咖啡
- 2 汤匙砂糖
- 肉桂
- 2 盎司 黄褐色港口
- 1/2 茶匙磨碎的橙皮

方向

a) 在搅拌机中高速混合并混合。

b) 倒入冰过的酒杯。

26．尖刺卡布奇诺

原料：

- 1/2 杯 半杯
- 1/2 杯现煮浓缩咖啡
- 2 汤匙白兰地
- 2 汤匙白朗姆酒
- 2 汤匙深色可可奶油
- 糖

方向

a) 在小平底锅中用高温搅拌一半，直到它变成泡沫，大约 3 分钟。

b) 将意式浓缩咖啡分成 2 杯。在每杯中加入一半白兰地和一半可可奶油。

c) 重新搅拌一半，倒入杯中。

d) 糖是可选的

27．盖尔咖啡

原料：

- 黑咖啡；新鲜制作
- 苏格兰威士忌
- 未加工的红糖
- 真正的鲜奶油；搅打至稍微浓稠

方向

a) 将咖啡倒入温热的玻璃杯中。

b) 加入威士忌和红糖调味。搅拌均匀。

c) 在杯中液体顶部上方的茶匙背面将一些轻微搅打过的奶油倒入玻璃杯中。

d) 它应该浮动一点。

28．加拿大咖啡

原料:

- 1/4 杯枫糖浆；纯的
- 1/2 杯黑麦威士忌
- 3 杯咖啡；热，黑，双重强度

配料:

- 3/4 杯鲜奶油
- 4 茶匙纯枫糖浆

方向

a) 打顶-用 4 茶匙枫糖浆搅打 3/4 杯生奶油，直至形成柔软的小丘。

b) 将枫糖浆和威士忌分装在 4 个预热的耐热玻璃杯中。

c) 将咖啡倒入距顶部 1 英寸处。

d) 勺子浇在咖啡上。

e) 服务

29．德国咖啡

原料：

- 1／2 盎司樱桃白兰地
- 5 盎司新鲜黑咖啡
- 1 茶匙糖奶油
- 黑樱桃

方向

a) 将咖啡和樱桃白兰地倒入咖啡杯中，加糖增甜。

b) 上面放生奶油和黑樱桃。

30. 丹麦咖啡

原料：

- 8 杯热咖啡
- 1 杯黑朗姆酒
- 3/4 c 糖
- 2 肉桂棒
- 12 丁香（整个）

方向

a) 在一个非常大的平底锅中，混合所有成分，
   盖上盖子并保持小火约 2 小时。

b) 装在咖啡杯里。

31．爱尔兰咖啡射手奶昔

原料：

- 1/2 杯脱脂牛奶
- 1/2 杯原味低脂酸奶
- 2 茶匙糖
- 1 茶匙速溶咖啡粉
- 1 茶匙爱尔兰威士忌

方向

a) 将所有原料放入低速搅拌机中。

b) 搅拌直到你可以看到你的成分相互融合。

c) 使用高摇杯进行演示。

32. 好老爱尔兰人

原料：

- 1.5 盎司爱尔兰奶油利口酒
- 1.5 盎司爱尔兰威士忌
- 1 杯热煮咖啡
- 1 汤匙生奶油
- 1 少许肉豆蔻

方向

a) 在咖啡杯中，混合爱尔兰奶油和爱尔兰威士忌。

b) 用咖啡装满杯子。上面放一团生奶油。

c) 撒上一点肉豆蔻装饰。

33. 布什米尔斯爱尔兰咖啡

原料：

- 1 1/2 盎司布什米尔斯爱尔兰威士忌
- 1 茶匙红糖（可选）
- 1 破折号薄荷奶油，绿色
- 特浓新鲜咖啡
- 鲜奶油

方向

a) 将威士忌倒入爱尔兰咖啡杯中，并用咖啡填充至距离顶部 1/2 英寸的位置。加入糖调味并混合。在上面撒上生奶油和薄荷奶油。

b) 将杯子边缘浸入糖中以覆盖边缘。

34．浓浓的爱尔兰咖啡

原料：

- 1 杯浓咖啡
- 1 1/2 盎司。爱尔兰威士忌
- 1 茶匙糖
- 1 汤匙生奶油

方向

a) 将咖啡、糖和威士忌混合在一个大的微波炉中。

b) 微波高 1 到 2 分钟。顶部加奶油

c) 饮用时要小心，可能需要片刻冷却。

35．奶油爱尔兰咖啡

原料：

- 1/3 杯爱尔兰奶油利口酒
- 1 1/2 杯现煮咖啡
- 1/4 杯重奶油，稍微加糖和搅打

方向

a) 将利口酒和咖啡分成 2 个杯子。

b) 上面放生奶油。

c) 服务。

36. 老式爱尔兰咖啡

原料：

- 3/4 杯温水
- 2 汤匙爱尔兰威士忌
- 甜点浇头
- 1 1/2 勺速溶咖啡水晶
- 红糖适量

方向

a) 将水和速溶咖啡晶体混合。微波炉，裸露的，
   开着

b) 100% 功率大约 1 1/2 分钟或直到热气腾腾。
   加入爱尔兰威士忌和红糖。

37．拉泰蒂尼

原料：

- 1 份奶油利口酒
- 1½ 份伏特加

方向

a) 加冰摇匀，滤入马提尼酒杯。

b) 享受

摩卡

38. 冰摩卡卡布奇诺

原料：

- 1汤匙巧克力糖浆
- 1 杯热双份浓缩咖啡或浓咖啡
- 1/4 杯 半杯
- 4 个冰块

方向

a) 将巧克力糖浆搅拌到热咖啡中直至融化。在搅拌机中，将咖啡与一半和冰块混合。

b) 高速搅拌 2 到 3 分钟。

c) 立即装在一个又高又冷的玻璃杯里。

39．原味冰咖啡

原料：

- 1/4 杯咖啡；即时、常规或不含咖啡因的
- 1/4 杯糖
- 1升或夸脱冷牛奶

方向

a) 将速溶咖啡和糖溶解在热水中。加入 1 升或夸脱的冷牛奶并加入冰块。对于摩卡口味，使用巧克力牛奶并加糖调味。

b) 溶解 1 汤匙**速溶咖啡**在 1 汤匙热水中加入 2 茶匙糖。

c) 加入 1 杯冷牛奶并搅拌。

d) 你可以用低热量甜味剂代替糖来变甜

40. 摩卡风味咖啡

原料:

- 1/4 杯 非乳制奶精干
- 1/3 杯糖
- 1/4 杯干速溶咖啡
- 2 汤匙可可

方向

a) 将所有原料放入搅拌机中，高速搅拌直至充分混合。将 1 1/2 汤匙勺子与一杯热水混合。

b) 储存在密封罐中。比如罐头罐。

41. 辣味墨西哥摩卡

原料：

- 6 盎司浓咖啡
- 2 汤匙糖粉
- 1 汤匙不加糖的巧克力粉
- 1/4 茶匙越南决明子肉桂
- 1/4 茶匙牙买加五香粉
- 1/8 茶匙辣椒粉
- 1-3 汤匙浓奶油或一半一半

方向

a) 在一个小碗里，将所有干燥的原料混合在一起。

b) 将咖啡倒入一个大杯子中，加入可可混合物搅拌至顺滑。

c) 然后加入奶油调味。

42. 巧克力咖啡

原料：

- 2 汤匙速溶咖啡
- 1/4 杯糖
- 1 破折号盐
- 1 盎司。方形无糖巧克力
- 1 杯水
- 3 杯牛奶
- 鲜奶油

方向

a) 在平底锅中混合咖啡、糖、盐、巧克力和水；用小火搅拌，直到巧克力融化。炖 4 分钟，不断搅拌。

b) 逐渐加入牛奶，不断搅拌直至加热。

c) 滚烫时，从火上移开，用旋转搅拌器打至混合物起泡。

d) 倒入杯子中，在每个杯子的表面涂上一团生奶油。

43. 薄荷摩卡咖啡

原料:

- 6 杯现煮咖啡
- 1 1/2 杯牛奶
- 4 盎司半甜巧克力
- 1 茶匙薄荷提取物
- 8 根薄荷棒

方向

a) 将咖啡、牛奶、巧克力放入一个大平底锅中，用小火加热 **5-7** 分钟，或直到巧克力融化，加热混合物，不时搅拌。

b) 加入薄荷提取物搅拌

c) 倒入杯子

d) 用薄荷棒装饰

44. 摩卡意大利浓缩咖啡

原料：

- 1 杯速溶咖啡
- 1 杯糖
- 4 1/2 杯脱脂奶粉
- 1/2 杯可可

方向

a) 将所有成分搅拌在一起。

b) 在搅拌机中加工至粉末状。

c) 将 2 汤匙加入一小杯热水中。

d) 盛在浓缩咖啡杯中

e) 制作约 7 杯混合物

f) 存放在紧贴的有盖罐中。

g) 罐头罐非常适合储存咖啡。

45. 巧克力咖啡

原料：

- 1/4 杯速溶浓缩咖啡
- 1/4 杯速溶可可
- 2 杯开水——最好用过滤过的水
- 鲜奶油
- 切碎的橙皮或肉桂粉

方向

a) 将咖啡和可可混合。加入沸水，搅拌溶解。倒入德米塔斯杯中。在每份上放上鲜奶油、碎橙皮和少许肉桂。

46. c 巧克力杏仁咖啡

原料：

- 杏仁咖啡豆
- 1 汤匙香草精
- 1 茶匙杏仁提取物
- 1 茶匙可可粉
- 1 茶匙糖
- 奶油装饰

方向

a) 煮咖啡。

b) 每杯加入香草和杏仁提取物 1 茶匙可可和 1 茶匙糖。

c) 用鲜奶油装饰

47. 巧克力薄荷咖啡浮法

原料:

- 1/2 杯热咖啡
- 2 汤匙奶油可可利口酒
- 1 勺薄荷巧克力片冰淇淋

方向

a) 每份混合 1/2 杯咖啡和 2 汤匙

b) s 的利口酒。

c) 上面放一勺冰淇淋。

48．可可咖啡

原料：

- 1/4 杯 非乳制奶精
- 1/3 杯糖
- 1/4 杯干速溶咖啡
- 2 汤匙可可

方向

a) 将所有原料放入搅拌机中，高速搅拌至充分混合。

b) 存放在密封的罐头罐中。

c) 将 1 1/2 汤匙与 3/4 杯热水混合

49. 可可榛子摩卡

原料：

- 3/4 盎司。甘露酒

- 1/2 摄氏度 up 热榛子咖啡

- 1茶匙雀巢速食
- 2汤匙一半一半

方向

a) 将所有成分混合在您最喜欢的 cu 中。

b) 搅拌

50. 巧克力薄荷咖啡

原料：

- 1/3 杯咖啡粉
- 1 茶匙巧克力提取物
- 1/2 茶匙薄荷提取物
- 1/4 茶匙香草精

方向

a) 将咖啡放入搅拌机。

b) 在杯子中混合提取物，将提取物添加到咖啡中。

c) 处理直到混合，只需几秒钟。

d) 冷藏保存

51. 欧莱咖啡厅

原料：

● 2 杯牛奶

● 1/2 杯重奶油

● **6 杯路易斯安那咖啡**

方向

a) 在平底锅中混合牛奶和奶油；煮沸（锅边缘会形成气泡），然后从火上移开。

b) 在每个咖啡杯中倒入少量咖啡。

c) 将剩余的咖啡和热牛奶混合物倒入一起，直到杯子大约 3/4 满。

d) 脱脂牛奶可以代替全脂牛奶和奶油。

52. 意大利咖啡加巧克力

原料：

- 2 杯热浓咖啡
- 2 杯热传统可可 - 试试好时品牌
- 鲜奶油
- 磨碎的橙皮

方向

a) 在 4 个杯子中分别加入 1/2 杯咖啡和 1/2 杯可可。

b) 上面放生奶油；撒上磨碎的橙皮。

53．半甜摩卡

原料:

- 4 盎司。半甜巧克力
- 1 汤匙糖
- 1/4 杯鲜奶油
- 4 杯热浓咖啡
- 鲜奶油
- 磨碎的橙皮

方向

a) 用大平底锅用小火融化巧克力。

b) 加入糖和鲜奶油搅拌。

c) 用打蛋器搅拌咖啡,一次 1/2 杯;继续直到起泡。

d) 在上面撒上生奶油,撒上磨碎的橙皮。

五香咖啡

54. 橙香咖啡

原料：

- 1/4 杯咖啡粉
- 1 汤匙磨碎的橙皮
- 1/2 茶匙香草精
- 1 1/2 肉桂棒

方向

a) 将咖啡和橙皮放入搅拌机或食品加工机中。

b) 停止处理器足够长的时间以添加香草。

c) 再处理 10 秒。

d) 将混合物与肉桂棒一起放入玻璃罐中并冷藏。

55. 五香咖啡奶精

原料：

- 2 杯雀巢速食
- 2 杯咖啡奶精
- 1/2 杯糖粉
- 3/4 茶匙肉桂
- 3/4 茶匙肉豆蔻

方向

a) 将所有成分混合在一起并储存在密封罐中。

b) 将 4 茶匙与一杯热水混合

56. 豆蔻五香咖啡

原料：

- 3/4 杯咖啡粉
- 2 2/3 杯水
- 豆蔻粉
- 1/2 杯甜炼乳

方向

a) 以滴漏式或渗透式咖啡机冲泡咖啡。

b) 倒入 4 个杯子。

c) 每份加入少许豆蔻和 2 汤匙炼乳。

d) 搅拌

e) 服务

57. 奥拉咖啡厅

原料：

- 8 杯过滤水
- 2 小肉桂棒
- 3 整丁香
- 4 盎司深红糖
- 1 块半甜巧克力或墨西哥巧克力
- 4 盎司咖啡粉

方向

a) 把水烧开。

b) 加入肉桂、丁香、糖和巧克力。

c) 再次煮沸，撇去任何泡沫。

d) 把热量降到最低，不要让它沸腾

e) 加入咖啡，浸泡 5 分钟。

58. 香草杏仁咖啡

原料：

- 1/3 杯咖啡粉
- 1 茶匙香草精
- 1/2 茶匙杏仁提取物
- 1/4 茶匙茴香籽

方向

a) 将咖啡放入搅拌机

b) 将剩余的成分混合在一个单独的杯子中

c) 将提取物和种子加入搅拌机中的咖啡中

d) 处理直到合并

e) 冲泡咖啡时照常使用混合物

f) 制作 8-6 盎司份量

g) 将未使用的部分存放在冰箱中

59. 阿拉伯爪哇

原料：

- 1 品脱过滤水
- 3 汤匙咖啡
- 3 汤匙糖
- 1/4 茶匙肉桂
- 1/4 茶匙小豆蔻
- 1 茶匙香草或香草糖

方向

a) 将所有成分混合到平底锅中并加热，直到泡沫聚集在上面。

b) 不要通过过滤器。

c) 上菜前搅拌

60. 蜂蜜咖啡

原料：

- 2 杯新鲜咖啡
- 1/2 杯牛奶
- 4 汤匙蜂蜜
- 1/8 茶匙肉桂
- 短跑肉豆蔻或多香果
- 滴或 2 滴香草精

方向

a) 在平底锅中加热原料，但不要煮沸。

b) 搅拌均匀以混合成分。

c) 令人愉快的甜点咖啡。

61. 维也纳欲望咖啡馆

原料：

- 1/2 杯速溶咖啡
- 2/3 杯糖
- 2/3 杯脱脂牛奶
- 1/2 茶匙肉桂
- 1 撮丁香-根据口味调整
- 1 捏多香果调味
- 1 捏肉豆蔻-调整口味

方向

a) 将所有成分混合在一起

b) 使用搅拌机混合成非常细的粉末。每杯热过滤水使用 1 汤匙。

62. 肉桂香咖啡

原料：

- 1/3 杯速溶咖啡
- 3 汤匙糖
- 8 整丁香
- 3 英寸肉桂棒
- 3 杯水
- 鲜奶油
- 肉桂粉

方向

a) 将 1/3 杯速溶咖啡、3 汤匙糖、丁香、肉桂棒和水混合。

b) 盖上盖子，煮沸。从火上移开，静置，盖上盖子，浸泡约 5 分钟。

c) 拉紧。倒入杯子中，在每个杯子上放一勺生奶油。加入少许肉桂。

63．肉桂浓缩咖啡

原料：

- 1 杯冷水
- 2 汤匙浓缩咖啡粉
- 1/2 肉桂棒（3 英寸长）
- 4 茶匙奶酪和可可
- 2 茶匙白兰地
- 2 汤匙鲜奶油，冷冻磨碎的半甜巧克力装饰

方向

a) 利用**你的浓缩咖啡机**加少量过滤水的浓咖啡。

b) 将肉桂棒掰成小块，加入热浓缩咖啡中。

c) 让其冷却 1 分钟。

d) 加入可可奶油和白兰地，轻轻搅拌。倒入德米塔斯

e) 杯子。搅打奶油，在每个杯子上漂浮一些奶油。用磨碎的巧克力或巧克力卷装饰。

64. 墨西哥五香咖啡

原料：

- 3/4 杯红糖，包装牢固
- 6 丁香
- 6 朱丽叶 橙皮片
- 3 肉桂棒
- 6 汤匙 sp。真正的现煮咖啡

方向

a) 在一个大平底锅中，用中火加热 6 杯水和
红糖、肉桂棒和丁香，直到混合物变热，但
不要让它沸腾。加入咖啡，将混合物煮沸，
偶尔搅拌 3 分钟。

b) 用细筛子过滤咖啡，然后放入带有橙皮的咖
啡杯中。

65. 越南鸡蛋咖啡

原料：

- 1 个鸡蛋
- 3 茶匙越南咖啡粉
- 2 茶匙甜炼乳
- 开水

方向

a) 酿造一个小 c 越南咖啡的特写。

b) 打一个鸡蛋，扔掉蛋白。

c) 将蛋黄和加糖的炼乳放入一个又小又深的碗中，用力搅拌，直到得到像上面那样的泡沫状蓬松混合物。

d) 加入一汤匙煮好的咖啡，搅拌均匀。

e) 在一个透明的咖啡杯中倒入煮好的咖啡，然后在上面加入蓬松的鸡蛋混合物。

66．土耳其咖啡

原料:

- **3/4 杯水**
- **1 汤匙糖**
- **1 汤匙咖啡粉**
- **1 个豆蔻荚**

方向

a) 将水和糖煮沸。

b) 从热中取出加入咖啡和豆蔻

c) 搅拌均匀并返回热量。

d) 当咖啡起泡时,从火上移开,让咖啡粉沉淀下来。

e) 再重复两次。倒入杯中。

f) 咖啡渣应在饮用前沉淀。

g) 你可以用杯子里的豆蔻荚来提供咖啡-你的选择

土耳其咖啡小贴士

h) 必须始终在上面放上泡沫

i) 您可以要求将您的咖啡研磨成土耳其咖啡——它是一种粉末稠度。

j) 倒入杯子后不要搅拌,因为泡沫会塌陷

k) 准备时始终使用冷水

l) 奶油或牛奶从不添加到土耳其咖啡中;然而,糖是可选的

67. 南瓜香拿铁

原料：

- 2 汤匙南瓜罐头
- 1/2 茶匙南瓜派香料，加上更多装饰
- 现磨黑胡椒
- 2 汤匙糖
- 2 汤匙纯香草精
- 2 杯全脂牛奶
- 1 到 2 杯浓缩咖啡，约 1/4 杯
- 1/4 杯重奶油，搅打至形成坚硬的尖峰

方向

a) 加热南瓜和香料：在一个小平底锅中，用中火将南瓜与南瓜派香料和大量黑胡椒一起煮 2 分钟，或者直到它变热并闻起来有煮熟的味道。不断搅拌。

b) 加入糖并搅拌，直到混合物看起来像起泡的浓稠糖浆。

c) 加入牛奶和香草精。用中火轻轻加热，仔细观察以确保它不会沸腾。

d) 用手动搅拌器或传统搅拌器小心地处理牛奶混合物（用厚厚的毛巾盖紧盖子！）直到起泡并混合。

e) 混合饮料：制作浓缩咖啡或咖啡，分装在两个杯子中，加入起泡的牛奶。

f) 如果需要，可以在上面撒上生奶油和少许南瓜派香料、肉桂或肉豆蔻。

68. 焦糖拿铁

原料：

- 2 盎司浓缩咖啡
- 10 盎司牛奶
- 2 汤匙自制焦糖酱加上更多的毛毛雨
- 1 汤匙糖（可选）

方向

a) 将浓缩咖啡倒入杯子中。

b) 将牛奶放入宽玻璃或玻璃罐中，用微波炉加热 30 秒，直到它非常热但不沸腾。

c) 或者，在平底锅中用中火加热牛奶约 5 分钟，直到非常热但不沸腾，仔细观察。

d) 将焦糖酱和糖（如果使用）加入热牛奶中，搅拌至溶解。

e) 使用牛奶起泡器，使牛奶起泡，直到看不到任何气泡并且形成浓稠的泡沫，大约需要 20 到 30 秒。旋转玻璃并在柜台上反复轻轻敲击以弹出较大的气泡。根据需要重复此步骤。

f) 用勺子挡住泡沫，将牛奶倒入浓缩咖啡中。将剩余的泡沫舀在上面。

星冰乐和卡布奇诺

69. 焦糖星冰乐

原料：

- 1/2 杯冷咖啡
- 3 汤匙糖
- 1/2 杯牛奶
- 2 杯冰
- 生奶油-使用可以喷在上面的罐装奶油
- 3 汤匙焦糖圣代酱

方向

a) 在搅拌机中混合所有成分
b) 搅拌饮料直到冰块被压碎并且饮料变得光滑
c) 放入冰镇咖啡杯中，搭配生奶油和焦糖酱淋在上面。

70. 覆盆子星冰乐

原料：

- 2 杯碎冰块
- 1 1/4 杯-特浓咖啡
- 1/2 杯牛奶
- 2 汤匙香草或覆盆子糖浆
- 3 汤匙巧克力糖浆
- 鲜奶油

方向

a) 在搅拌机中混合冰块、咖啡、牛奶和糖浆。

b) 搅拌至光滑。

c) 倒入冷藏的高杯或苏打水杯中。

d) 在上面撒上生奶油，淋上巧克力和覆盆子糖浆。

e) 如果需要，添加一个黑樱桃

71．咖啡奶昔

原料：
- 2 杯牛奶
- 2 汤匙糖
- 2 茶匙速溶咖啡
- 3 汤匙香草冰淇淋
- 冷的浓咖啡

方向

a) 将所有成分按给定顺序加入搅拌机中，高速搅拌直至混合。

b) 在苏打水杯中食用。

72. 摩卡冰沙

原料：

- 18 个冰块（最多 22 个）
- 7 盎司 双倍浓度咖啡，冷藏
- 1/2 杯巧克力酱（或糖浆）
- 2 汤匙香草糖浆
- 鲜奶油

方向

a) 使用搅拌机。

b) 将冰块、咖啡、巧克力酱和糖浆放入搅拌机中。搅拌至光滑。倒入一个大的、高的、冷冻的苏打水杯。

c) 用一团生奶油或一勺冰淇淋装饰。

73. 速溶焦糖星冰乐

原料：

- 1/3 杯冰
- 1/3 杯牛奶
- 1 汤匙速溶咖啡
- 2 汤匙焦糖糖浆

方向

a) 在搅拌机中将所有成分混合在一起，直到冰被很好地压碎并且牛奶起泡。

b) 立即上菜。

74. 芒果冰沙

原料：

- 1 1/2 杯芒果，切碎
- 4-6 块冰块
- 1 杯牛奶
- 1 汤匙柠檬汁
- 2 汤匙糖
- 1/4 茶匙香草精

方向

a) 将切好的芒果放入冰箱 30 分钟

b) 在搅拌机中混合芒果、牛奶、糖、柠檬汁和香草。搅拌至光滑。

c) 加入冰块并加工，直到冰块也变得光滑。

d) 立即上菜。

75. 咖啡卡布奇诺

原料：

- 1/2 杯速溶咖啡
- 3/4 杯糖
- 1 杯脱脂奶粉
- 1/2 茶匙干橙皮

方向

a) 在研钵和杵中粉碎干橙皮
b) 每杯热水使用 2 汤匙

76. 卡布奇诺奶昔

原料:

- 1 杯脱脂牛奶
- 1 1/2 茶匙速溶咖啡
- 2 包人造甜味剂
- 1/4 盎司白兰地或朗姆酒调味剂
- 1 少许肉桂

方向

a) 在搅拌机中混合牛奶、咖啡、甜味剂和白兰地或朗姆酒提取物。

b) 搅拌至咖啡溶解。

c) 与少许肉桂一起食用。

d) 要喝热饮，请在微波炉上加热。

77. 奶油卡布奇诺

原料：

- 1/4 杯速溶浓缩咖啡或速溶深烤咖啡
- 2 杯开水
- 1/2 杯重奶油，搅打
- 肉桂、肉豆蔻或切碎的橙皮
- 糖

方向

a) 将咖啡溶解在沸水中，倒入小而高的杯子中。

b) 只填了一半。

添加一点：

a) 肉桂、肉豆蔻或切碎的橙皮

b) 将奶油倒入咖啡中。

78. 冷冻卡布奇诺

原料：

- 2 勺香草冷冻酸奶 - 分装
- 1/2 杯牛奶
- 1 汤匙好时巧克力粉
- 1 1/2 茶匙速溶咖啡颗粒

方向

a) 将 1 勺冷冻酸奶、牛奶、巧克力粉和咖啡颗粒放入食品加工机或搅拌机中。

b) 处理 30 秒或直到光滑。

c) 倒入一个高大的苏打水杯中。

d) 上面放一勺酸奶。

果味咖啡

79. 覆盆子咖啡

原料：

- 1/4 杯红糖
- 6 杯普通咖啡的咖啡渣

- 2 茶匙覆盆子提取物

方向

a) 将覆盆子提取物放入空咖啡壶中

b) 将红糖和咖啡渣放入咖啡过滤器中

c) 将 6 杯水加到顶部并冲泡锅。

80. 圣诞咖啡

原料：
- 1 壶咖啡（相当于 10 杯）
- 1/2 杯糖
- 1/3 杯水
- 1/4 杯不加糖的可可
- 1/4 茶匙肉桂
- 1 捏磨碎的肉豆蔻
- 打顶用搅打奶油

方向

a) 准备一壶咖啡。

b) 在一个中等大小的平底锅中，将水加热至低沸点。加入糖、可可、肉桂和肉豆蔻。

c) 回到低沸点约一分钟 - 偶尔搅拌。

d) 将咖啡和可可/香料混合物混合，淋上生奶油即可食用。

81．浓郁的椰子咖啡

原料：

- 2 杯对半
- 15 盎司。椰子奶油罐头
- 4 杯热煮咖啡
- 加糖的奶油

方向

a) 在平底锅中用中火将一半和一半的椰子奶油煮沸，不断搅拌。

b) 加入咖啡搅拌。

c) 与加糖的生奶油一起食用。

82. 巧克力香蕉咖啡

原料：

● 制作 12 杯普通咖啡壶

● **添加 1/2-1 tsp 香蕉提取物**

● 加入 1-11/2 茶匙可可

方向

a) 结合

b) 如此简单……非常适合满是客人的房子

83. 黑森林咖啡

原料：

- 6 盎司。新鲜煮好的咖啡
- 2 汤匙巧克力糖浆
- 1 汤匙黑樱桃汁
- 鲜奶油
- 刨花巧克力
- 黑樱桃

方向

a) 将咖啡、巧克力糖浆和樱桃汁混合在一个杯子里。搅拌均匀。

b) 在上面放上鲜奶油、巧克力屑和一或两个樱桃。

84. 黑樱桃咖啡

原料：

- 1 杯黑咖啡
- 1 盎司。阿玛雷托
- 搅打过的配料
- 1 个黑樱桃

方向

a) 用热黑咖啡装满咖啡杯或杯子。拌入杏仁。

b) 顶部有搅打过的配料和樱桃。

85. 巧克力杏仁咖啡

原料：

- 1/3 杯咖啡粉
- 1/4 茶匙现磨肉豆蔻
- 1/2 茶匙巧克力提取物
- 1/2 茶匙杏仁提取物
- 1/4 杯烤杏仁，切碎

方向

a) 加工肉豆蔻和咖啡，添加提取物。处理时间延长 10 秒。放入碗中，加入杏仁搅拌。存放在冰箱中。

b) 制作 8 份六盎司份量。冲泡：将混合物放入自动滴漏式咖啡机的过滤器中。

c) 加入 6 杯水并冲泡

86. 咖啡汽水

原料：

- **3** 杯冷冻双倍浓度咖啡
- **1** 汤匙糖
- **1** 杯一半一半
- **4** 勺（**1** 品脱）咖啡冰淇淋
- **3/4** 杯冰镇苏打水
- 加糖的奶油
- **4** 个黑樱桃，
- 装饰巧克力卷发或可可

方向

a) 将咖啡和糖混合成一半。

b) 将 **4** 个高杯苏打水杯装满咖啡混合物

c) 加入一勺冰淇淋，然后用苏打水将杯子装满。

d) 用生奶油、巧克力或可可装饰。

e) 派对的绝佳款待

f) 与青少年聚会时使用无咖啡因

87．维也纳咖啡

原料：

- **2/3** 杯干速溶咖啡
- **2/3** 杯糖
- **3/4** 杯粉状非乳制奶精
- **1/2** 茶匙肉桂
- 将五香粉、丁香和肉豆蔻磨碎。

方向

a) 将所有成分混合在一起并储存在密封罐中。

b) 将 4 茶匙与一杯热水混合。

c) 这是一份很棒的礼物。

d) 将所有原料放入罐头罐中。

e) 用丝带和吊牌装饰。

f) 吊牌上应该写有混合说明。

88. 浓咖啡罗马诺

原料：

- 1/4 杯细磨咖啡
- 1 1/2 杯冷水
- 2 条柠檬皮

方向

a) 将磨碎的咖啡放入滴漏式咖啡壶的过滤器中

b) 根据机器冲泡说明加水冲泡

c) 在每个杯子中加入柠檬

d) 服务

混合咖啡

89．欧莱咖啡厅

原料：

- 1 杯牛奶
- 1 杯淡奶油
- 3 汤匙速溶咖啡
- 2 杯开水

方向

a) 用小火加热牛奶和奶油直到变热。同时，将咖啡溶解在沸水中。上菜前，用旋转打蛋器将牛奶混合物打至起泡。将牛奶混合物倒入加热的罐中，将咖啡倒入单独的罐中。

b) 服侍：同时从两个投手倒满杯子，在倒酒时让溪流汇合。

c) 这杯咖啡是一个美妙的展示和美味的青睐。

90. 速溶橙卡布奇诺

原料：

- 1/3 杯 粉状非乳制奶精
- 1/3 杯糖
- 1/4 干速溶咖啡
- 1 或 2 个橙色硬糖（压碎）

方向

a) 在搅拌机中将所有成分混合在一起。

b) 将 1 汤匙与 3/4 杯热水混合。

c) 储存在密封罐中。

91．瑞士风味摩卡混合

原料：

- 1/2 杯速溶咖啡颗粒
- 1/2 杯糖
- 2 汤匙可可
- 1 杯脱脂奶粉

方向

a) 将所有混合均匀。将混合物储存在密封容器中。

b) 对于每份：

c) 放置 1 汤匙 +1 茶匙。混合成一个杯子。

d) 加入 1 杯开水，搅拌均匀。

92. 速溶爱尔兰奶油咖啡

原料：

- 1 1/2 杯温水
- **1 汤匙**速溶咖啡水晶
- 1/4 杯爱尔兰威士忌
- 红糖适量
- 搅打过的配料

方向

a) 在 2 杯量中，将水和速溶咖啡晶体混合。微波炉，裸露，**100%** 功率约 4 分钟或直到蒸。

b) 加入爱尔兰威士忌和红糖。装在杯子里。

c) 在每个杯子上放上搅打过的配料。

93. 摩卡咖啡混合

原料：

- 1/4 杯 粉状非乳制奶精
- 1/3 杯糖
- 1/4 杯干速溶咖啡
- 2 汤匙。可可

方向

a) 将所有原料放入搅拌机中，高速搅拌直至充分混合。混合 1 1/2 汤匙

b) 用一杯热水。

c) 储存在密封罐中。比如罐头罐。

94. 摩卡速溶咖啡

原料：

- 1 杯速溶咖啡晶体
- 1 杯热巧克力或可可混合物
- 1 杯非乳制奶精
- 1/2 杯糖

方向

a) 混合所有成分；充分混合。存放在一个盖紧的罐子里。试试罐头罐。

b) 食用：将 1 1/2 - 2 汤匙放入杯子或马克杯中。

c) 加入沸水搅拌至满杯。

d) 制作 3 1/2 杯咖啡混合物或约 25 份或更多份。

95．维也纳咖啡混合

原料：

- 2/3 杯（少量）干速溶咖啡
- 2/3 杯糖
- 3/4 杯 粉状非乳制奶精
- 1/2 茶匙肉桂
- 冲刺地面多香果
- 破折号丁香
- 肉豆蔻

方向

a) 混合所有成分并储存在密封罐中。

b) 将 4 茶匙与 1 杯热水混合。

96. 睡帽咖啡混合

原料：

- 2/3 杯 非乳制咖啡奶精
- 1/3 杯速溶无咖啡因咖啡颗粒
- 1/3 杯砂糖
- 1 茶匙磨碎的豆蔻
- 1/2 茶匙肉桂粉

方向

a) 将所有成分混合在一个中等大小的碗中；搅拌至充分混合。

b) 储存在密闭容器中。产生 1 1/3 杯咖啡混合物

c) 将 1 汤匙咖啡混合物倒入 8 盎司热水中。搅拌至充分混合。

97．卡布奇诺混合

原料：

- 6 茶匙速溶咖啡
- 4 汤匙无糖可可
- 1 茶匙肉桂粉
- 5 汤匙糖
- 鲜奶油

方向

a) 混合所有成分。

b) 要制作一份咖啡，请使用 1 汤匙混合物并放入大杯中；倒入 1.5 杯沸水并搅拌。

c) 顶部加奶油

98．咖啡卡布奇诺混合

原料：

- 1/2 杯速溶咖啡
- 3/4 杯糖
- 1 杯脱脂奶粉
- 1/2 茶匙干橙皮

方向

a) 用研钵和研杵研磨干橙皮。将所有成分搅拌在一起。

b) 用搅拌机混合，直到变成粉末。

c) 对于每份：

d) 每杯热水使用 2 汤匙。

e) 制作大约 2 1/4 杯的混合物。

99．路易斯安那牛奶咖啡厅

原料：

- 2 杯牛奶
- 糖
- 1 杯路易斯安那咖啡

方向

a) 将牛奶放入平底锅；煮滚。

b) 将热腾腾的现煮咖啡和牛奶同时倒入杯中；加糖调味。

99. 路易斯安那牛奶咖啡厅

原料：
- 2 杯牛奶
- 糖
- 1 杯路易斯安那咖啡

方向

a) 将牛奶放入平底锅；煮滚。

b) 将热腾腾的现煮咖啡和牛奶同时倒入杯中；加糖调味。

100. 西印度群岛咖啡

原料：

- 3 1/2 杯全脂牛奶
- 1/4 杯速溶咖啡
- 1/4 杯红糖
- 1 破折号盐

方向

a) 将速溶咖啡、红糖和盐放入杯子中。

b) 小心地将牛奶煮沸。搅拌溶解。

c) 盛在大杯子里。

d) 做 4 份。

结论

有数百万人只是喜欢咖啡的味道。由于市场上有各种各样的咖啡口味、烘焙和品种，因此每位咖啡饮用者的口味都不同。有些人喜欢浓浓的黑咖啡风味，而另一些人则喜欢柔和醇厚的轻烘焙。不管味道如何，人们都会被他们早上喝的咖啡所吸引。人们喝咖啡的主要原因与可供饮用的咖啡类型一样多种多样。不管人们喝咖啡的原因是什么，它的消费量仅次于水，而且每天喝咖啡的人数都在急剧增加，他们自己喝咖啡的理由也随之增加。

如果您是咖啡爱好者或新皈依者，这本食谱将大大加深您对咖啡的热爱！

快乐酿造！

CPSIA information can be obtained
at www.ICGtesting.com
Printed in the USA
BVHW061934141222
654222BV00003B/73

9 781805 420149